Marlene Jablonski

W0085415

Silbengeschichten zum Lesenlernen

Katzengeschichten

Illustriert von Julia Ginsbach

www.leseloewen.de

ISBN 978-3-7432-0451-5
Überarbeitete Neuausgabe
2. Auflage 2020
© 2014 Loewe Verlag GmbH, Bindlach
Umschlag- und Innenillustration: Julia Ginsbach
Umschlaggestaltung: Jennifer Wunderwald
Printed in the EU

www.loewe-verlag.de

Inhalt

Der süße Sechserpack

„Mama! Komm schnell her!"

Lilli war ganz aufgelöst.

„Was ist denn?"

Ihre Mutter kam herbeigeeilt.

„Mit Pünktchen stimmt was nicht.

Ich glaube, sie ist krank."

„Wie kommst du darauf?",

fragte Lillis Mutter.

„Sie will nicht spielen,

nichts fressen und nicht kuscheln."

Lilli saß vor ihrer Katze.

„Pünktchen liegt schon ewig

im Bad auf den Handtüchern",

meinte sie.

Ihre Mutter blieb ruhig und

musterte Pünktchen.

„Ich weiß, was los ist",

sagte Lillis Mutter schließlich.

„Pünktchen ist nicht krank,

sie bekommt Junge."

„Wie bitte?" Lilli staunte.

„Sie kriegt einen Jungen?

Von wem? Und wofür?

Die machen doch nur Ärger",

meinte Lilli.

Ihre Mutter lächelte.

„Sie kriegt keinen Jungen,

sondern Junge.

Das bedeutet, sie bekommt Babys",

klärte Lillis Mutter sie auf.

„Babys?" Lilli machte große Augen.

„Du meinst Babykätzchen?",

fragte sie.

Lillis Mutter nickte.

„Schau, da ist schon das Erste."

„Ist das niiieeedlich!"

Lillis Augen glänzten.

„Das machst du toll, Pünktchen",

lobte Lillis Mutter die Katzenmama.

Nachdem das letzte Kätzchen
geboren war, fragte Lilli:
„Wie viele Babys sind es, Mama?"
„Zähl sie doch!",
schlug ihre Mutter vor.
„Eins, zwei, drei, vier, fünf
und sechs.
Sechs süße Babykatzen!",
rief Lilli und strahlte.

„Wie viele der Kätzchen
sind wohl Jungs
und machen nichts als Ärger?",
fragte sich Lilli gespannt.

Das Kätzchen im Saustall

„Nina, räum dein Zimmer auf!

Wie oft muss ich es noch sagen?"

Nina dachte nicht daran,

ihr Zimmer aufzuräumen.

Sie wollte lieber spielen.

Und zwar mit Mieze.

Sie war die süßeste Katze der Welt.

Mieze war süßer als Schokolade.

Viel süßer als hundert Lutscher.

Sogar süßer als Ninas Lieblingseis!

„Du hast eine Stunde,

bis dahin hast du aufgeräumt",

meinte Ninas Mutter.

„Ja, Mama", brummte Nina,

worauf ihre Mutter verschwand.

Nina drehte sich zu Mieze um.

Doch auch die war weg.

Wie vom Erdboden verschluckt.

„Mieze? Mieze, wo bist du?"

Nina schaute sich im Zimmer um.

„Aaah, ich verstehe!", rief sie.

„Du spielst Verstecken!

Na warte, gleich habe ich dich!"

Und schon waren die Worte

ihrer Mutter vergessen.

Nina suchte im ganzen Zimmer.

Unter ihrem Schreibtisch

fand sie Püppie, ihre Puppe.

„Was machst du denn hier?"

Sie nahm sich die Puppe.

„Du gehörst doch ins Regal."

Schwups landete sie dort.

„Butterbrotpapier hinter der Tür?

Schnell in den Mülleimer damit",

murmelte Nina vor sich hin.

18

Als Nächstes schaute Nina
unter ihr Kissen.
Da lagen nur dreckige Socken.
„Wie die stinken!"
Nina hielt sich die Nase zu.
„Ab damit in den Wäschekorb!"
Nina schnappte sich die Socken.

Sie sammelte noch einige T-Shirts,
Röcke und Pullis vom Boden.
Schnell in die Wäsche damit!
Und schließlich fand sie Mieze.
Sie saß unter dem Bett.
Nina lockte das Kätzchen zu sich.
Da tauchte ihre Mutter wieder auf.

„Das Zimmer sieht super aus!",
rief sie begeistert.
„Dafür hast du dir
eine Kleinigkeit verdient.
Wie wäre es mit etwas Süßem?"
„Das habe ich doch schon",
erwiderte Nina und gab Mieze
ein dickes Küsschen.

Detektiv auf vier Pfoten

Der kleine Kater Titus
dachte nach.
„Was überlegst du denn?",
fragte Tinka ihren Bruder.
„Wo mein grünes Wollknäuel ist."
„Da hilft doch kein Überlegen!",
erwiderte Tinka.

„Du musst nach ihm suchen."

„Habe ich schon", meinte Titus.

„Hast du es vielleicht versteckt?"

„Ich?", fragte Tinka.

„Aus dem Alter bin ich raus",

meinte sie beleidigt.

„Wollknäuel sind doch nur

etwas für Babykatzen!"

„Aber wenn du es nicht hast

und ich auch nicht,

gibt es nur eine Erklärung.

Das Wollknäuel wurde entführt!"

„Du spinnst doch", lachte Tinka.

„Wer sollte denn so etwas tun?"

Titus sagte entschlossen:

„Genau das

werden wir herausfinden!"

„Und wie?", wollte Tinka wissen.

Titus, der Detektiv-Fan war, sagte:

„Mithilfe der fünf W-Fragen:

Wo? Wann? Wie? Wieso? Wer?"

„Wo – ist klar", meinte Tinka.

„Das Verbrechen wurde hier

in der Wohnung verübt."

„Richtig", stimmte Titus ihr zu.

„Damit kommen wir zu: Wann?

Zuletzt habe ich das Wollknäuel

gestern Abend gesehen.

Vor dem Einschlafen."

Tinka überlegte laut:

„Also muss es

danach verschwunden sein."

„Bloß: Wie?", fragte sich Titus.

„Eins ist sicher: Das Wollknäuel
hat sich nicht gewehrt.
Der Täter hatte
leichtes Spiel mit ihm."
Titus und Tinka erinnerten sich,
wer gestern alles da war.
„Da waren natürlich Jan,
seine Eltern und die Oma",
zählte Tinka auf.
„Es muss einer von ihnen
gewesen sein", meinte Titus.

Tinka war bereits auf Spurensuche.

„Titus, komm schnell her!",

rief sie aus dem Wohnzimmer.

„Was gibt es?", fragte Titus.

Tinka stand vor dem Sessel.

„Sieh mal", meinte sie.

Titus sprang auf die Sitzfläche.

„Das ist ja ein grüner Faden."

Titus beschnupperte ihn.

Da ging Jans Zimmertür auf.

Verschlafen trottete der Junge
in Richtung Badezimmer.
Titus' Blick fiel auf Jans Füße.
Die steckten in grünen Wollsocken!
„Hier gibt es nur eine Person,
die stricken kann", meinte Titus.
„Damit ist der Fall gelöst!"
Er sprang wieder vom Sessel.

„Wer war es?", wollte Tinka wissen.

„Es war ... die Oma!", rief Titus.

„Aber: Wieso?", fragte Tinka.

„Das ist doch klar wie Kloßbrühe!
Wegen der kalten Füße
ihres Enkels", erklärte Titus.

Hexe Simsa und Miau

„So eine Gemeinheit!", ärgerte sich
die kleine Hexe Simsa.
„Nie lassen mich
die großen Hexen mitzaubern",
brummte sie und stapfte davon.
„Du bist noch viel zu klein",
ahmte sie die anderen nach.
Von wegen!

Sie war groß genug,

um richtig zu zaubern.

Sie konnte auf einem Besen fliegen

und Regenwasser in Limo

verwandeln.

Und sie konnte sogar schon

eigene Zaubersprüche reimen!

Trotzdem saß sie nun allein da.

Ihre Augen füllten sich mit Tränen.

Da hörte Simsa ein Geräusch.

Es kam aus dem Gebüsch neben ihr.

Sie wischte sich die Nase

mit dem Ärmel ihres Umhangs ab.

Dann holte sie rasch

ihren Zauberstab hervor.

„Husch, husch, husch,

raus da aus dem Busch!",

zauberte sie und deutete

mit dem Stab auf das Gebüsch.

Sofort erhob sich eine dicke
Seifenblase in die Luft.
Und darin saß
ein kleines Kätzchen!
Simsa berührte die Seifenblase
mit dem Zauberstab.
„PLOPP!" Die Blase platzte.
Das Kätzchen landete sanft
in Simsas Schoß.
„Wer bist denn du?"
Simsa hielt sich
das Kätzchen vor die Nase.

„Miau", machte das Kätzchen.

„Hallo, Miau. Ich heiße Simsa."

„Miau", wiederholte das Kätzchen

und stupste Simsas Wange

mit seiner weichen Pfote an.

Simsa lächelte.

Da leckte Miau Simsa

quer über die Nase.

„Hahaha! Hör auf, das kitzelt.“

Simsa kringelte sich vor Lachen.

Plötzlich hielt sie inne.

Sie schaute das Kätzchen an.

„Du hast ja magische Kräfte!“,

flüsterte sie.

„Schneller als ich auf meinen

Besen steigen kann,

hast du mir ein Lächeln

ins Gesicht gezaubert!“

Das schnurrende Heilmittel

„Schling nicht so.

Du kriegst sonst noch ...“

„Bauchweh?“,

unterbrach Paul Sarah im Satz.

„Zu spät. Das habe ich schon.“

„Kein Wunder.

Aber ich kenne ein Heilmittel“,

erklärte Sarah.

„So? Welches denn?", fragte Paul.

Sarah schnappte sich ihre Katze.

„Nein! Nicht die Katze!",

rief Paul entsetzt.

Doch da saß Lexi schon

auf seinem Schoß.

„Äh, und … und nun?",

fragte er Sarah.

„Soll ich die jetzt etwa essen?"

„Nein." Sarah grinste.

„An ihr lecken?",

scherzte Paul.

„Nein, warte einfach ab",

meinte Sarah.

Also wartete Paul. Stocksteif.

Er wagte nicht, sich zu bewegen.

„Was ist denn mit dir los?",

wunderte sich Sarah.

„M… m… mit mir? W… w… wieso?",
stotterte Paul.
„Du hast doch nicht etwa
Angst vor Lexi, oder?"
„I… ich? A… A… Angst?
W… w… wie kommst du denn
darauf?"
„Vielleicht weil du zitterst
wie ein Zitteraal?",
entgegnete Sarah.
„Ach Quatsch", widersprach Paul.

„Na, dann los. Streichle Lexi!",
meinte Sarah herausfordernd.
„Und was ist, wenn sie mir
einen Finger abbeißt?"
„Keine Sorge.
Lexi hatte heute schon fünf.
Sie hat keinen Hunger mehr."
„Waaas?", rief Paul.

„Das war nur ein Scherz,

du Angsthase", kicherte Sarah.

„Das ist nicht witzig",

grummelte Paul.

„Nun mach schon, Paul.

Du willst die Bauchschmerzen

doch loswerden, oder?",

drängte Sarah.

„Ja, aber wie soll Lexi mir
dabei helfen?",
fragte Paul verständnislos.
„Das wirst du schon sehen",
meinte Sarah geheimnisvoll.
Zaghaft legte Paul
die Hand auf Lexi.
Sofort fing die Katze an,
leise zu schnurren.
Pauls Bauch kribbelte.

„Das gibt es doch nicht",
wunderte er sich kurz darauf.
„Die Bauchschmerzen
haben aufgehört.
Und meine Angst vor Lexi
ist auch verschwunden!"

Der Ritter im glänzenden Fell

Prinzessin Clara hatte drei
mutige und furchtlose Ritter.
Die passten immer auf sie auf.
Sie wichen ihr nie von der Seite.
Auch nicht, wenn sie
mit ihrem Kater Albert spielte.

Die drei Ritter
waren stets auf der Hut.
Die Gefahr konnte überall lauern.
Sogar hier, im königlichen Garten.
Einer war tapferer als der andere.
„Ich habe gegen
feuerspeiende Drachen gekämpft!",
prahlte Ritter Kohlkopf
vor den anderen beiden.

„Ich habe Riesentrolle besiegt!",
ereiferte sich Ritter Segebrecht.
„Pfff! Das kann doch jeder."
Ritter Schwarzfuß verdrehte
die Augen.
„Ich habe Seeungeheuer
und wilde Bestien
mit bloßen Händen bezwungen!"
Prinzessin Clara kümmerte
das Gerede der Ritter nicht.

Sie rangelte mit Albert

um einen kleinen Ball.

Der rollte auf einmal ins Gebüsch.

Sofort jagte der Kater hinterher

und kam nicht wieder heraus.

Nach einer Weile

fing Prinzessin Clara an,

sich Sorgen zu machen.

„Ihr müsst ihn finden!",

befahl sie den Rittern.

„Wie Ihr wünscht, Prinzessin."

Die Ritter verbeugten sich

und suchten sofort

die ganze Gegend ab.

Schließlich fanden sie etwas.

Doch es war kein Kater.

Was Ritter Kohlkopf entdeckte,

ließ ihn erschauern.

„Vorsicht, Prinzessin!
NICHT BEWEGEN!", rief er.
„Wieso?", fragte die Prinzessin.
„Eine Bestie der gefährlichsten Art.
Sie könnte uns anspringen
und zerfleischen!",
antwortete der Ritter.
„Von welch einer Bestie
sprecht Ihr?",
wollte die Prinzessin wissen.

Wortlos deutete der Ritter aufs Gras.

Jetzt bekam auch Clara Angst.

Und als Ritter Segebrecht

das Ungetüm erblickte,

kreischte er: „Aaaah! Eine Maus!"

Schreiend lief er davon.

Ritter Schwarzfuß klapperten

vor Angst die Zähne.

Flink wie ein Affe

kletterte er auf einen Baum.

Der dritte klammerte sich fest.

Und zwar an der Prinzessin.

Da tauchte auf einmal Albert auf

und verjagte mutig die Maus.

Sofort stieß die Prinzessin

den Ritter von sich.

Der fiel erschrocken zu Boden.

Dann eilte sie zu ihrem Kater.

Sie schlang ihre Arme um Albert

und drückte ihn zärtlich an sich.

„Mein tapferer Ritter!",

flüsterte sie ihm ins Ohr.

Schnurre knurrt der Magen

Das gibt es doch nicht!

Mein Futternapf

ist ja immer noch leer.

Hat mich Luca, mein Herrchen,

heute etwa vergessen?

Wenn ich nicht gleich

etwas zu beißen bekomme,

falle ich von den Pfoten.

Statt mich zu füttern,

sieht Luca aber lieber fern.

Mit knurrendem Magen springe ich

ihm auf den Schoß. „Miau!"

Mit meinem Schwanz

fahre ich ihm übers Gesicht.

„Nicht jetzt, Schnurre.

Ich bin beschäftigt!",

sagt er und schiebt mich weg.

Pfff, dann fange ich mir

mein Futter halt selbst.

So schwer kann das nicht sein.

Schließlich bin ich eine Katze.

Und Katzen sind die besten

Jäger der Welt!

Ich stolziere in den Garten.

Dort lege ich mich auf die Lauer.

Hier tummeln sich Würmer,

Marienkäfer und Grashüpfer.

Nicht gerade meine Leibspeise.

Viel lieber wäre mir ein Fisch.

Oder ein Mäuschen.

Ein Vögelchen wäre auch fein.

Und da ist ja auch schon eins.

Der Piepmatz landet im Gras.

Vorsichtig schleiche ich mich an.

Ich lasse ihn nicht aus den Augen.

Hinterteil hoch,

noch einmal genau hinschauen

uuuuund ... LOS!

Schnell düse ich ab.

Ich setze zum Sprung an.

Ich fliege durch die Luft

und – Rumms!

Mit dem Kopf donnere ich

gegen einen Baum.

Statt Vögelchen

sehe ich Sternchen.

Aua!

Benommen rappele ich mich auf
und muss zuschauen,
wie mein Futter davonfliegt.
Das war's dann wohl.
Mein armer Magen muss hungern.
Gerade als ich mich damit abfinde,
ruft auf einmal mein Herrchen:
„Schnurre! Futter!"
Was? Wie? Futter?

Habe ich das richtig verstanden?

Ich flitze ins Haus. Tatsache!

Mein Napf ist voll bis oben hin.

Ausgehungert mache ich mich

über mein Futter her.

Zum Glück kann mein Fressnapf

nicht fliegen!

Marlene Jablonski wurde 1978 in Danzig geboren, wo sie bis zu ihrem 10. Lebensjahr lebte und zur Schule gegangen ist. 1988 zog sie mit ihrer Familie nach Düsseldorf. Nach dem Abitur arbeitete sie einige Monate in einer Werbeagentur, bevor sie 2000 anfing, als freie Schriftstellerin zu arbeiten.

Julia Ginsbach wurde 1967 in Darmstadt geboren. Nach ihrer Schulzeit studierte sie Musik, Kunst und Germanistik. Heute arbeitet sie als freie Illustratorin und lebt mit ihrer Familie und vielen Tieren auf einem alten Pfarrhof in Norddeutschland.

Mit bunten Silben lesen lernen

Viele spannende und schöne Geschichten zu beliebten Themen erleichtern Ihrem Kind den Start in die Welt der Buchstaben. Die große, gut lesbare und bunte Schulbuchschrift macht Spaß und führt rasch zum ersten Leseerfolg!

In diesem Band sind alle Wörter in farbig markierte Buchstabengruppen, die Sprechsilben, unterteilt. So sind sie für Erstleser einfacher und schneller zu erfassen. Schon Vorschulkinder teilen ein Wort beim Sprechen intuitiv in Silben auf. Durch die farbigen Markierungen der Silben ist es für Kinder viel leichter, die richtige Einteilung auch in geschriebenen Wörtern zu erkennen und den Sinn der Wörter zu begreifen. Auf diese Weise lernen sie schnell, flüssig und fehlerfrei zu lesen.

Zahlreiche bunte Bilder sorgen zusätzlich für Abwechslung und ermöglichen kleine Pausen. Die klare Zuordnung der Bilder zum Geschehen in den Geschichten unterstützt das Textverständnis. So kommen auch weniger geübte Leser schnell zu einem Erfolgserlebnis und Lesen wird zum Kinderspiel!